믿지
않을 수 없는
예수

믿지 않을 수 없는 예수

발행	2023년 12월 16일
2쇄	2024년 4월 2일
지은이	손현보
발행인	윤상문
디자인	박진경, 표소영
발행처	킹덤북스
등록	제2009-29호(2009년 10월 19일)
주소	경기도 용인시 기흥구 동백동 622-2
문의	전화 031-275-0196 팩스 031-275-0296
ISBN	979-11-5886-295-4 (03230)

Copyright ⓒ 2023 손현보
이 책은 저작권법에 따라 보호받는 저작물이므로 무단전재와 복제를 금지하며,
이 책의 내용의 전부 또는 일부를 이용하려면 반드시 저작권자와 킹덤북스의
서면 동의를 받아야 합니다.

※ 잘못된 책은 구입한 곳에서 교환하여 드립니다.
※ 책 가격은 표지 뒷면에 있습니다.

킹덤북스 (Kingdom Books) 킹덤북스(Kingdom Books)는 문서 사역을 통해 하나님의 나라를 확장하고, 한국 교회와 세계 교회를 섬기고자 설립된 출판사입니다.

믿지
않을 수 없는
예수

손현보 지음

킹덤북스
Kingdom Books

서론

세계로교회는 서부산 끝마을에 있다. 100여 명 주민이 살고 있는 이곳에서 불신자에게 복음을 전하여 매년 5백~1천 명이 세례를 받아 놀라운 성장이 일어났다. 지난 15년간 1만여 명이 세례를 받았다.

세계로교회는 매 주일 처음 교회를 방문하는 사람들을 대상으로 그날 바로 담임 목사가 복음을 전한다. 이 시간을 통해 기독교를 전혀 몰랐던 사람이나 기독교에 적대적인 사람들이 대부분 예수님을 영접했다. 많은 사람들이 이 말씀을 듣고는 안 믿을 수 없었다고 고백했다.

한 가지 예를 들자면 얼마 전 가수 윤수일 씨를 누군가 한번 교회에 모시고 왔는데 이 책자에 실린 말씀을 전했더니 수십 명이 앉아있는 바로 그 자리에서 예수님을 믿겠다고 고백했다.

내가 '어떻게 한 번 오셨는데 예수님을 믿기로 결정했냐고' 묻자 그가 말하기를 "지금까지 교회에 몇 번 간 적이 있었는데 목사님들은 믿으라고는 이야기를 했지만 무엇을 믿어야 할지 몰랐고 또한 그들이 설명하는 내용들은 도저히 믿어지지도 않았다. 그런데 오늘 손 목사님께서 하신 말씀을 듣고 보니 안 믿을 수가 없고 어떤 것이 믿는 것인지 명쾌하게 설명을 해주어 예수님을 믿어야 되겠다고 결심한 것입니다." 라고 대답했다.

이 소책자는 매주 교회에 처음 오신 분들에게 들려주었던 그 말을 될 수 있는대로 구어체 그대로 적었다. 특히 처음 온 사람들에게 질문을 하면서 적당한 긴장과 웃음과 감동으로 예수님을 전하여 대부분 예수님을 영접하게 하는 내용이다. 불신자들에게 어떻게 복음을 전할까 고민하는 분들에게 큰 도움이 되기를 바란다.

CONTENTS

서론	04
오늘! 당신의 운명을 바꿀 수 있다.	07
1. 당신은 몇 년생인가요?	11
2. 구약과 신약, 하나님 약속의 말씀	17
3. 구원자 예수님이 오셨다.	30
4. 로마는 연도를 예수님의 탄생일로 바꾸었다.	42
5. 로마는 예수님이 부활하신 일요일을 기념일로 삼았다.	49
6. 당신의 생일은 언제인가요?	60
7. 믿는다는 것은 무엇인가?	66
맺음말	71

오늘! 당신의 운명을 바꿀 수 있다.

가을이 눈앞에 다가와, 단풍은 올해의 마지막 옷을 갈아입고 산과 들에서 그 자태를 뽐내고 있지만, 지구촌 곳곳에서 일어난 전쟁과 기근과 질병과 사고로 셀 수 없는 많은 사람들이 죽음을 맞이하고 있습니다.

하지만 이 죽음은 먼 나라 사람들의 이야기나 다른 사람들의 이야기가 아니라 바로 나 자신의 문제입니다.

시간과 공간만 다를 뿐 한 번 태어난 사람은 100% 죽음을 맞이합니다.

이 죽음은 그 누구도 피할 수 없습니다.

러시아 문호 톨스토이는 "이 세상에서 죽음만큼 확실한 것은 없다. 그런데도 준비하지 않는 사람들을 보면 기이하다."고 했습니다.

이 죽음의 문제 앞에서 공자님은 『논어 제11편 선진편』에서 제자들이 죽음의 문제에 대하여 질문하자 '삶을 제대로 알지 못하는데 어찌 죽음을 알겠는가?'
'아침에 도를 깨달으면 저녁에 죽어도 좋다'고 말씀하셨습니다.

저는 가난하여 고신대 신학과에 합격은 하였으나 등록금이 없었습니다. 그런데 정말 놀랍게도 부산 주례동에 있는 불현사(현, 불광사) 스님께서 등록금을 내어 주셔서 고신대 신학과에 입학을 할 수 있었고, 또한 스님께서 사찰에서 학교를 다니라고 하여 숙식은 절에서 하고 낮에는 고신대

를 다녀 목사가 되었습니다.

젊었던 나는 스님에게 늘 물었습니다.
"스님 만약 오늘 세상을 떠나시면 어디에 갈 것 같습니까?"
그러자 스님은 늘 웃으시기만 할 뿐 아무런 대답이 없으셨습니다. 나는 그 이유를 나중에야 알게 되었습니다.

붓다의 제자들이 "선생님! 죽고 난 다음은 어떻게 되겠습니까?"라고 묻자 붓다는 "내가 살아 있는 삶의 일도 다 모르는데 어찌 죽고 난 다음의 일을 알겠는가? 나는 너희의 구원자가 아니라 나도 진리를 찾아가는 구도자일 뿐이다"라고 말씀하셨습니다.

죽음에 대하여 잘 알지 못하는 우리에게 죽음은 불편하고 불확실한 주제 같아 보이지만 사실 알고 보면 죽음은 우리 인생 최고의 축복입니다.

죽음은 막으려고 애쓴다고 될 일이 아니고 될 수도 없습니다. 사는 길을 찾으면 됩니다.

그러나 많은 사람들은 버나드 쇼의 유명한 묘비명 '우물쭈물 하다가 내 이럴 줄 알았다.'처럼 아무런 준비 없이 죽음을 맞이합니다.

오늘 잠깐의 시간이지만 예수님의 말씀을 들어 보면 누구든지 새로운 인생으로 변화될 것입니다.

1

당신은 몇 년생인가요?

(앞에 앉아 있는 사람들에게 질문을 하면서 강의를 함)

목사 "우리 청년은, 몇 년생이십니까?"

청년1 "99년생입니다."

목사 "99년생?" 정말 99년생 맞아요? 교회 처음 왔는데 첫날부터 뻥을 치거나 거짓말을 하면 안 되는 거 알고 있죠?"

청년1 "알고 있습니다."

목사 "그럼 진짜 99년생 맞습니까?"

청년1 "맞습니다."

청년2 "저도 99년생입니다."

목사 "오~우 99년생! 99년생은 원래 이렇게 거짓말을 잘 해요? 진짜 99년생 맞아요?"

청년2 "맞습니다."

목사 "진짜, 99년생이라면 로마 시대 사람이라는 건데! 예수님 제자들하고 나이가 거의 비슷한데, 진짜, 99년에 태어났다, 이 말씀이지요? 1999년이겠지."

청년1 "아 1999년입니다."

목사 "그렇죠. 1999년생이죠."

지금은 2023년입니다.

그러면

1999년이 있고 2023년 있다고 하는 것은

쭉 앞으로 가면 1년이라고 하는 날이 있겠죠! 1년~

청년1 "네"

목사 "자~ 그럼 다시 한번 묻겠습니다. 사람들은 수천 년 전부터 살아왔는데 왜 꼭 이 해를 1년으로 정했을까요?"

청년1 "잘 모르겠습니다."

목사 "자~ 우리 아주머님도 태어난 해가 있겠죠."

아주머니1 "네. 55년생입니다."

목사 "55년생이라구요? 오늘 다 이상한 사람들만 오셔서 자기 나이가 엄청나게 오래된 것으로 착각하고 계시는데…"

아주머니2 "아 1955년입니다."

목사 "자~ 그럼 사람들은 옛날부터 쭉 살아왔는데 왜 이 해를 1년으로 했을까요?"

청년2 "잘 모르겠습니다."

목사 "혹시 아주머님께서는 기억이 나십니까?"

아주머니1 "잘 모르겠습니다."

목사 "네, 제가 그냥 가르쳐 드릴께요.

예수님이 탄생하신 해가 바로 1년입니다.

게스트들　"아~~"

목사　"아~는 무슨 아~"

역사적으로 보면 예수님이 오시기 전을 B.C.라고 그러죠. Before Christ, '주님이 오시기 전'이고, 그리고 지금은 라틴말로 A.D.라고 합니다. Anno Domini, 그래서 '주님이 오신 해', 곧 '예수님이 오신 해'라고 칭합니다.

그래서 이 청년이 1999년생이라는 것은 예수님 탄생하신 해로부터 1999년에 태어났다라는 뜻이고 아주머니께서 1955년생이라고 하는 것은 예수님이 탄생하신 해로부터 1955년 되는 해에 태어났다는 뜻입니다.

청년1　"네"

목사　"알았어요?"

청년2 "네"

그러면 여러분 한번 생각해 보세요!

왜, 예수님이 이 땅에 탄생하신 해를 1년으로 정했을까요?

이 땅에 예수님이 오셨을 때는 로마가 전 세계를 지배하고 있었습니다. 예수님이 이 땅에 오시기 63년 전에 로마는 전 세계를 통일해서 그분이 오시기 바로 전에는 쥴리어스 시저(Julias Caesar) 등 유명한 황제들이 있었습니다.

즉, 로마가 가장 강성할 때 예수님이 이 땅에 오셨습니다. 그러나 예수님은 로마 나라 사람이 아닙니다. 로마가 지배하고 있는 조그마한 나라 이스라엘에서 태어났습니다. 그런데 왜 로마는 예수님이 오신 해를 1년으로 새로 정했을까요?

자기 나라의 연도가 이미 전 세계의 연도로 통용되고 있었는데 로마는 무엇 때문에 예수님 탄생하신 해를 새롭게 1년으로 정했을까요? 정말 어떤 사람들의 탄생일을 새롭게 1년으로 정하고자 했다면 로마에는 수많은 유명한 황제나 철학자들이 있었는데 그런 사람들의 탄생한 날을 기념하여 연도를 정하지 않고 왜 자기 나라 사람도 아닌 예수님이 오신 해를 1년으로 삼았을까요?

여러분 궁금하지 않으세요? 이상하지 않으세요? 여기에는 놀라운 역사적 사건이 있었습니다. 이제 한번 살펴봅시다.

2

구약과 신약, 하나님 약속의 말씀

제가 들고 있는 것은 성경입니다.

이 성경을 잘 모르는 사람들도, 한번 살펴보시면 앞에는 구약, 뒤에는 신약으로 구분되어 있음을 알 수 있습니다.

'구약, 신약'하니까 어떤 사람들은 '교회가 약방인가, 뭐 이런 말을 하는 분들이 가끔 있습니다. 이 "약"은 그런 뜻이 아니라 '불변하는 약속'이라는 뜻입니다.

구약은 옛 약속, 신약은 새 약속을 말합니다.

도대체 하나님이 무슨 약속을 했길래 성경을 하나님의 약속의 책이라고 했을까요?

이 성경에는 타락한 사람들에게 영원한 생명을 주시는 하나님의 구원 약속이 기록되어 있기 때문입니다. 누구든지 하나님이 약속한 이 말씀을 믿음으로 받아들이면 영원한 생명을 얻고 운명을 바꿀 수 있습니다.

하나님의 약속의 말씀인 성경을 보시면 아담과 하와 이후 모든 사람은 죄를 지었습니다. 죄 없는 사람은 단 한 명도 없습니다. 자, 물어보겠습니다.

목사 "우리 아주머니, 혹시 죄가 있어요, 없어요?"
아주머니1 "죄가 있지요."
목사 "죄 있죠... 강서경찰서에 고발은 안 할께요."
목사 "아주머니는 혹시 죄가 있습니까?"
아주머니2 "있어요."
목사 "네. 죄가 있죠?"

이 세상에 죄 없는 사람은 단 한 명도 없고 모든 사람은 100% 죄인입니다. 그러면 죄가 왜 중요한가요. 죄는 죽음을 가져오기 때문입니다.

그래서 죄를 지은 사람은 반드시 죽게 된다는 것입니다.

사람들은 대체로 자신이 죄가 있다는 것을 인정하고 죽는 것도 인정합니다. 여기까지만 인정하는 사람은 하나님을 믿지 않는 불신자입니다. 그런데 그 다음은 어떻게 될지 잘 모르겠다고 합니다.

그러나 하나님은 사람이 죽고 난 다음에는 그냥 끝이 아니라, 반드시 심판이 있다고 말씀하십니다. 어떤 사람들은 "죽고 난 다음은 끝이지…그 다음은 모르겠어요." 이렇게 말하는 사람들이 있습니다.

하지만 그것은 그 사람의 생각일 뿐이고, 하나님은 죽고 난 다음에는 반드시 심판이 있다고 분명히 말씀하고 계십니다. 심판의 결과로 천국과 지옥에 가게 된다는 사실 또한 분명히 하고 있습니다.

여러분!
전 세계 어디를 가보아도 모든 인간은 어떤 형식이든지 종교를 가지고 있습니다. 종교라고 하는 것은 내세 사상을 전제하는 것 아닙니까?

사람들은 내세에 관해서 잘은 모르지만 인간은 누구나 죽고 나면 다음 세상이 있을 것이라고 막연히 생각을 합니다.

왜 인간만 그런 생각을 할까요? 그 이유가 무엇일까요?
그것은 사람에게 영혼이 있기 때문입니다.
성경을 보면 하나님께서 영원을 사모하는 마음을 주셨기

때문에 사람은 영원한 생명을 추구하는 것은 당연한 것입니다.

인간은 참 하나님을 만날 때까지 다른 신에게 절하고 다른 종교를 가지고 방황하지만 하나님을 만나면 인생 방황은 끝납니다.

만약 인간이 죽으면 모든 것이 끝이고 흔적도 없이 사라진다면 나에게 남편과 아내와 자식이 무슨 소용이 있습니까? 무슨 의미가 있을까요?

목사 "자녀가 있습니까?"

아주머니1 "네"

목사 "자녀가 있는데, 만약 죽으면 끝이라면? 흙이나 무의 세계로 돌아간다면?

자식도 모르고 부모도 모르고 아무것도 모르는 세

계, 죽고 나면 끝이다?

그러면 남편과 자식이 무슨 소용이 있겠습니까?

건강하면 뭐하죠? 잘 살면 뭐하죠? 죽으면 끝이라면요?"

아주머니2   "그렇네요"

그래서 세상엔 허무주의자들이 있는 것입니다.

이런 허무주의자들은 '인간이 죽고 나서 끝이라면 공기나 흙으로 돌아가고 아무것도 없는 무의 세계'로 돌아간다면, '차라리 젊을 때 내 마음껏 하고 싶은 것 실컷 다하고 자살하고 말지, 병들고 고생하고 늙도록 기다릴 필요가 없지 않는가? 죽으면 인생이 끝이라면 좋은 일 하면 무슨 소용이 있는가?

내 마음대로 살다가 죽으면 그만이지. 이런 생각을 갖고 사는 허무주의자들이 이 세상에는 너무 많습니다.

그러나 하나님은 성경을 통해 너희 인간들은 다 100% 죄가 있고 이 죄 때문에 죽게 되고 죽고 난 다음에는 반드시 심판을 받게 된다는 사실을 알려주고 있습니다.

"한번 죽는 것은 사람에게 정하신 것이요 그 후에는 심판이 있으리니."(히 9:27)

그렇습니다. 모든 사람은 죄를 지었기에 하나님의 심판을 받아 전부 다 지옥의 불 못에 던져져야 하는 운명에 직면하게 되었습니다. 인간은 자기 힘으로는 자신을 구원할 수가 없습니다.

그래서 하나님은 멸망 받을 사람들을 구원하시려고 그 사람들의 죄의 빚을 대신 갚아 줄 구원자를 보내어 주시기로 작정하셨습니다. 그리고 이 사실을 받아들이고 믿는 자들은 하나님의 자녀로 삼아 천국 백성이 되게 하시겠다고 약속하셨습니다.

그런데 바로 여기에 나오는 이 "구원자"라는 말이 그 당시 전 세계 공용어였던 그리스 나라 말로 "예수"라는 말입니다. 즉 "예수님"이라는 말은 "구원자"라는 뜻입니다.

그런데 여러분!

목사 "이 말씀이 믿어지십니까?"

청년1 "네, 안 믿어지는데요."

목사 "아주머니 하나님이 약속하신 이 말씀이 믿어지십니까?"

아주머니1 "아니요 도저히 믿어지지 않습니다."

목사 "맞아요. 안 믿어지는 것이 당연합니다.

그래서 우리 하나님께서 안 믿어지니까, 믿을 수 없으니까, 구약이라고 하는 성경을 통해서 이 구원자 예수님에 대하여 누구도 반박할 수 없도록 미리 예언을 해놓았습니다."

구약 성경을 보면 이 구원자가 누군지에 대해서 수많은 예언을 해놓았습니다. 이 구원자는 어느 나라(이스라엘)에 태어나고, 어느 마을(베들레헴)에 태어나며 그가 어떤 일을 할 것인지에 대하여 수백 가지가 예언되어 있습니다.

그것이 바로 구약 성경입니다.
만약 구약 성경에 수백 가지를 예언했는데, 수백 가지 예언 중에서 단 한 가지만이라도 틀린다면 이것은 하나님의 말씀이라고 할 수가 없을 것입니다.

세상적인 관점에서 볼 때 99.9%가 맞아서 좋다고 할지 모르지만, 하나님께서 예언을 했는데 만약, 한 가지라도 틀렸다면 이것은 하나님의 말씀이라고 할 수가 없을 것입니다. 놀랍게도 구약 성경에서 예언한 것은 전부 다 신약에서 성취되었습니다.

어떤 사람들은 "아~ 그 구약 성경을 어떻게 믿어, 믿을 수 있어?"라고 하는 사람들이 있는데 제 말이 끝나고 나면 여러분들이 가지고 있는 핸드폰으로 '70인역'을 검색해 보시기 바랍니다.

70인역은 예수님이 오시기 3백 년 전에, 그리스 황제가 구약 성경을 보고는 "와~ 이것은 진짜 인류를 구원할 신의 책이다"라는 사실을 깨닫고는 예수님 오시기 전에 즉, 기원전 3백 년경 세계 최고의 학자 72명을 불러서 이집트의 알렉산드리아에서 이 구약 성경을 그 당시 전 세계 공용어인 그리스어 즉 헬라어로 번역하도록 했습니다.

그래서 전 세계의 수많은 사람들은 이 성경을 읽으면서 인간을 구원해 줄 그 구원자가 언제 오실까? 하며 그 구원자 예수님을 간절히 기다렸습니다.

그리고 어떤 위대한 사람이 나타나면 그 사람을 찾아가 '당신이 그 구원자입니까?'라고 물었습니다.

여러분, 크리스마스 때가 되면 부르는 노래 중에서 '동방박사 세 사람'이란 노래가 있습니다. 저~ 페르시아 동방에 사는 사람도 구약 성경을 읽고는 별을 따라 구원자이신 예수님을 찾아왔던 것입니다.

신약 성경을 보아도 광야에서 말씀을 전하고 있던 세례 요한을 수많은 사람들이 찾아가서 당신이 그 구원자입니까? 라고 물었습니다. 그만큼 구약 성경은 이미 전 세계 사람들에게 널리 알려져 있었습니다.

목사 "아주머니, 성탄절 트리 보셨죠?"
아주머니1 "네"
목사 "성탄절 트리 위에 혹시 무엇을 달아 놓았는지 기억

하십니까?"

아주머니1 "몰라요."

목사 "성탄절 트리 위에 혹시 무엇을 달아 놓았는지 아십니까?"

아주머니2 "십자가"

목사 "아~ 십자가, 십자가는 요즈음 달아 놓았고..."

목사 "1999년생, 원래 성탄절 그 트리 위에 무엇을 달아 놓았지요?"

청년1 "별"

목사 "오! 별, 별 맞아요?"

청년2 "네, 별인거 같아요."

목사 "네. 맞습니다. 그런데 왜 별을 달아 놓았을까요? 해나 달이나 이런 것을 달아놓지 않고 왜 별을 달아놓았을까요?

그것은 구약 성경에 구원자 예수님이 태어날 때는 큰 별이 뜰 것이라고 예언되어 있는데 예수님이 태어났을 때 진짜로 그 큰 별이 떴기 때문에 그것을 기념하여 성탄절 트리에 별을 달아놓은 것입니다."

그러니까, 예수님이 오시기 3백 년 전에 이미 전 세계 공용어인 헬라어로 구약 성경이 다 번역되어 있었기 때문에 사람들은 유대인뿐만 아니라 전 세계 사람들이 구원자를 간절히 기다리고 있었습니다.

3

구원자 예수님이
오셨다.

그런데 로마가 전 세계를 지배하고 있을 때 드디어 예수님이 이스라엘 땅에 탄생하셨습니다. 그 당시 전 세계를 지배했던 최강대국인 로마, 모든 길은 로마로 통한다고 했던 이 로마.

오늘날 고고학자들이 그때 로마에 몇 명이 살았는지 연구해 보았습니다. 고대 로마의 면적과 한 집에 몇 명이 살았는가를 당시 문헌을 조사해서 계산해 보니까 세계 최고의 도시 로마에 살고 있던 인구는 약 백만 명 정도였다고 합니다. 지금의 울산시 인구 정도였다고 합니다.

그런데 구약 성경에 예언한 대로 구원자이신 예수님이 이 땅에 오셔서 하나님 나라에 대해서 강론하고 죽은 자를 살리고 수많은 기적을 행하고 병자를 고치고 하니까 와~ '이분이 바로 구약에 예언된 구원자구나.' 생각하고 수많은 사람들이 환호하며 떼를 지어 몰려들기 시작했습니다.

성경에 의하면 얼마나 많은 사람들이 몰려들었든지 예수님께서는 식사할 시간이 없었다고 기록하고 있습니다. 예수님께서 밥 한 끼 먹으려고 해도 남자 가장만 5천 명. 여자 어린이 합치면 2만 명, 3만 명, 7만 명 등이 몰려들기 시작했습니다. 참으로 대단하지 않습니까, 그 당시에 8차선 도로도 없었는데 말입니다.

그리고 예수님은 죽은 자를 살리고 병든 자를 고쳐주시고 죄 지은 자들을 용서해 주시고 약한 자를 돌보아 주시고 특별히 인간의 수에 들지도 않았던 여자들까지도 만나주

시니 어마어마한 사람들이 몰려들었습니다.

그러면서도 나쁜 정치를 하는 악한 정치 지도자들과 종교 지도자들에 대하여서는 신랄하게 비판을 이어갔습니다. 성경 곳곳에서 수많은 사람들이 모였다는 것을 기록하고 있습니다. 예수님께서 설교하실 때도 땅에서 할 수가 없어 갈릴리 호수에서 배를 타고 설교하면 사람들은 육지에 앉아서 들을 만큼 수많은 사람이 몰려들었고, 예수님이 가정집에서 말씀을 전하면 지붕을 뜯어서 사람들을 달아 내릴 정도였다고 성경은 기록하고 있습니다.

그럼에도 예수님께서 말씀을 전하실 때마다 정치, 종교 지도자들은 예수님을 눈엣가시처럼 생각하고 그를 죽이려고 계획했습니다.

그래서 신약 성경을 보면 '예수님을 죽여버릴 계획'을 했지만 백성들 때문에 그러지 못했다는 말이 여러 번 나옵니다.

그런데 어느 날부터 예수님께서는 어마어마한 말씀을 하셨습니다.
그것은 구약에 예언된 대로 자신이 우리 죄를 위해 십자가에 죽으시고 3일 만에 다시 살아날 것이라고 선언하신 것입니다.

이런 말씀을 하니까,
로마 당국자나 정치 지도자들은 그렇지 않아도 예수님을 잡아 죽이고 싶었는데 '자기가 십자가에 달려 죽고 3일 만에 다시 살아난다'고 하니 잘됐다. 그렇지 않아도 죽여버리고 싶었는데 이 기회에 예수님을 완전히 없애 버리자!고 모의를 했습니다.

목사 "아, 진짜 예수님이 3일 만에 살아날 수 있을까요?"

청년1 "잘 모르겠습니다."

목사 "예수님께서 구약에 예언된 대로 죽은 후에 살아나신다는데 믿어지십니까?"

청년2 "아뇨"

목사 "아주머니는 믿어지십니까?"

아주머니1 "글쎄요. 안 믿어지는데..."

로마 사람들은 그리스 로마 신화를 믿고 살았지만 그것이 전부 거짓인줄 다 알았어요. 그런데 예수님이 죽으시고 3일 만에 다시 살아나신다고? 하니 말도 안 되는 소리지!

도무지 인간의 이성으로 수용할 수 없는 이야기를 하니 결국 로마 당국자들과 유대 지도자들은 잘됐다! 그렇지 않아도 예수님을 없애고 싶었는데 이 기회에 예수를 십자가에 죽여버리자고 하면서 거짓말하고 백성을 선동하고 자신이 하나님의 아들이라고 하는 예수님을 신성 모독죄로 엮어 그분을 진짜 십자가에 못 박았습니다.

역사학자들에 의하면 그 당시 유월절에는 성경의 말씀을 따라 전 세계에 흩어져 있었던 20세 이상의 유대인들과 장사꾼들이 모였는데 그들이 제사드렸던 짐승의 숫자와 제사의 횟수 등을 종합해 보면 최소 80만~100만 명 정도가 모였다고 합니다.

수십만 명이 지켜보는 가운데서 예수님은 십자가에 못 박혀 돌아가셨습니다. 로마와 유대 군병들은 예수님의 부활을 믿지는 않았지만, 누군가 시체를 훔쳐가서 살아났다고 주장하면 골치가 아프니까 쥐새끼 한 마리도 못 들어가게 예수님의 무덤을 뺑뺑 둘러서서 지켰습니다.

예수님이 십자가에 못 박혀 돌아가신 날은 금요일이었습

니다. 그런데 예수님은 자신이 예언한 대로 금요일이 지나고 토요일이 지나고, 일요일 날 되는 아침에 진짜로 다시 살아나셨습니다.

목사 "믿어집니까?"

청년1 "아뇨"

목사 "믿어집니까?"

청년2 "아뇨"

목사 "아주머니는 믿어지십니까?"

아주머니1 "잘 모르겠습니다."

목사 "사실 나도 예수 믿기 전에는 다 거짓말이지 부활은 무슨 부활, 이렇게 생각했습니다. 예수님이 살아나셨다! 그런데 얼마 후 하늘로 올라가셨다!
이렇게 말했으면 역시 뻥이야 이렇게 말했을 것입니다!

그런데 예수님은 살아나셔서 어디로 사라진 것이 아니고 한 달 10일 동안!

곧 40일 동안! 로마 권력자들이 무서워 도망간 제자들 앞에도 나타나시고 수많은 사람들과 무리들에게 나타나셔서 친히 함께 먹고 마시기도 하면서 제자들에게 하나님 나라에 대해서 말씀해주셨습니다.

사람은 죽으면 끝이 아니고 천국과 지옥이 있으며 하나님께서 예비하신 구원의 길이 있음을 자세히 설명해주셨습니다.

그러자 예수님을 버리고 도망갔던 제자들도 안 믿을 수가 없었습니다. 40일 동안 함께 먹고 마시고 그분의 몸을 만져보았는데 믿지 않을 수가 없었습니다.

예수님을 십자가에 못 박으라고 외쳤던 사람들도, 로마 군병들도 부활하신 예수님을 보고는 안 믿을 수가 없었습니다.

예수님께서는 40일 동안 말씀하시고 모든 사람들이 지켜보는 가운데 하늘로 올라가셨습니다. 이 광경을 목격하고 부활과 승천을 경험한 사람들은 이구동성으로 '와! 인간은 정말 죽으면 끝이 아니구나', '우리에게도 영원히 구원받을 길이 있구나'라는 사실을 알게 되었습니다.

그때부터 예수님의 제자들과 부활을 목격했던 사람들이 이 놀라운 복음을 전하자 예루살렘에 거주하던 남자 가장만 하루에 3천 명, 5천 명, 수만 명이 믿게 되는 엄청난 역사가 일어났습니다. 그들은 예루살렘과 유대와 사마리아와 로마가 지배했던 전 세계에 이 놀라운 복음을 전했습니다.

결국 당시 전 세계를 지배했던 로마!

곧 지금으로 말하면 전 유럽과 북아프리카, 중동 등 70개 국이 넘는 나라들을 지배했던 로마! 그 로마 제국이 황제로부터 백성들까지 전부 예수님을 믿고 기독교 국가가 되었습니다.

여러분들도 잘 아시다시피 로마인들은 원래 그리스 로마 신화를 믿었습니다. 황제를 제우스의 아들로 받아들여 신으로 숭배했던 나라입니다.

그런데 로마는 수천 년 동안 믿어왔던 그리스 로마 신화를 다 버리고 오직 부활하신 예수님만 믿는 나라가 되었습니다. 그리스 로마 신화에 나오는 신들에 대해서는 그림 하나 그리지 못하게 하고 오직 예수 그리스도만을 유일한 구원자로 믿는 나라가 되었습니다.

여러분! 신화라고 하는 것은 하루아침에 만들어지는 것이 아닙니다. 수천 년에 걸쳐서 민중들에게 전승되어 지속적으로 전해오는 것입니다.

그리스 로마 신화를 믿었던 이 로마인들이 신화를 전부 다 없애버리고 오직 예수님만 믿는 기독교 국가가 된 것은 예수님의 부활이 얼마나 놀랍고 충격적인 영향을 미쳤는가를 과히 짐작해 볼 수 있습니다. 참으로 놀라운 역사적 사건이 아닐 수 없었습니다.

예수님을 믿지 않는 학자들 중에는 로마가 기독교 국가가 된 것에 대하여 정치·사회적으로 기독교 국가가 되지 않을 수 없는 이유를 대고 이미 백성들과 귀족들이 예수님을 많이 믿었음으로 그들이 정치적 지지를 얻기 위하여 기독교 국가가 되었다고 말하는 사람들도 있지만 다 귀신 씻나락 까먹는 소리입니다. 상식적으로 말이나 되는 소리입니까?

백성들과 귀족들이 왜 자기들의 신들을 버리고 예수님을 믿었을까요? 자기들이 미친놈이라고 십자가에 못 박아 죽인 그 예수를 왜 믿었을까요? 자기 나라 사람도 아닌 예수님을 왜 믿었을까요?

혹시 어느 황제가 혼자 해까닥해서 믿고 너희도 예수를 믿으라 한다고 대제국의 모든 지도자, 원로원과 백성들이 예수를 믿겠습니까?

그런데 로마 제국 전체가 예수님을 믿고 기독교 국가가 되었다고 하는 것은 예수님의 부활이 그 누구도 부인할 수 없는 역사적인 사실로 받아들여졌기 때문입니다. 예수님의 부활이 그 당시 사람들에게 얼마나 놀라운 충격을 주었는지 분명히 알 수가 있습니다.

4

로마는 연도를 예수님의
탄생일로 바꾸었다.

로마는 기독교 국가가 되고 난 다음 놀라운 일을 감행했습니다.

첫째, 로마는 연도를 바꾸었습니다.

여러분! 로마는 예수님이 이 땅에 오시기 전 B.C. 754년에 로물루스(Romulus) 형제가 로마의 일곱 언덕에서 나라를 건국했다고 합니다.
로마는 이때부터 1, 2, 3 년도를 정하여 내려왔고 로마가 전 세계를 정복하자 로마의 연도는 전 세계의 연도와 달력

이 되었습니다.

목사 "옛날에도 연도는 다 있었습니다."
청년1 "네"
목사 "옛날에도 연도는 다~ 있었습니다, 아주머니!"
아주머니1 "네"
목사 "옛날에도 연도는 다 있었어요."

그런데 이 로마는 예수님을 믿고 기독교 국가가 되고 난 다음, 우리의 연도가 전 세계의 연도라서 너무나 자랑스럽지만, 그래도 인간을 구원하기 위해 이 땅에 오신 예수님이 탄생하신 날보다 더 중요한 것이 어디 있겠느냐?며 수천 년 내려오던 자기 나라의 연도를 없애 버리고 구원자 예수님이 탄생하신 해를 새롭게 계산해서 1년으로 삼았습니다.

그러다 보니 로마의 연도는 B.C. 754년이 되어 버리고 말았습니다.

목사 "예수님의 부활이 사실이 아니라면 이런 일이 감히 일어날 수 있을까요?"

게스트 *끄덕끄덕*

그래서 여기 참석한 우리 청년들은 1999년생이라고 말씀하셨죠? B.C 아니고 A.D이죠. A.D란 로마의 언어인 라틴어로 예수님이 탄생하신 해라는 첫 글자입니다.

목사 "이제 아시겠습니까?"
청년2 "네"
목사 "아까 아주머니는 1955년생이라고 하셨죠?"
아주머니2 "네, 네"
목사 "1955년이라고 하는 것은"
아주머니2 "네"

목사 "1955년생이라는 것은 구원자 예수님 탄생하신 해로부터 1955년에 태어났다는 뜻입니다."

아주머니2 "네"

목사 "아주머니, 재난기금 받으셨죠?"

아주머니1 "네"

목사 "노령 연금도 받으시죠?"

아주머니1 "네"

목사 "받을 때 우리는 다 서류를 작성해야 되잖아요."

아주머니2 "네"

목사 "작성할 때마다 나는 몇 년생입니다라고 기록하시죠?" 그리고, 핸드폰, 냉장고 같은 것 살 때도 자기 생년월일 적어야 되잖아요."

아주머니2 "네 그렇죠"

목사 "아주머니는 본인도 모르게 예수님의 탄생일을 일상적으로 인정하고 적어 왔습니다."

우리는 오늘도 아무런 생각 없이 관공서에서나 은행이나

공적인 기관에서 자신의 신분을 증명하는 기록물을 남길 때마다 우리가 태어난 생년월일을 적습니다.

그런데 이제부턴 이런 기록을 남길 때마다 나의 구원자가 오신 해로부터! 예수님이 탄생하신 해로부터!

나는 1949년, 1955년, 1999년에 태어났다는 사실을 인정하고 있다는 것을 아서야 합니다. 학교에 입학을 할 때도, 시험을 칠 때도, 취업을 할 때도, 이력서를 적을 때도 다 적고, 주민등록번호도 거기부터 시작되는데 나중에 하나님 나라에 가서 '아, 나는 하나님, 예수님을 몰랐습니다'라는 말을 할 수가 없습니다. 이젠 나의 존재가 예수님이 탄생하신 날부터 시작된다는 것을 분명히 알아야 합니다.

저는 여러분들이 다 예수님을 믿고 구원받기를 원하지만 만약 누군가가 예수님을 안 믿고 하나님의 심판대 앞에 선다면 하나님이 물으실 겁니다.

"너는 왜 나를 안 믿었냐?" "잘 몰라서 안 믿었습니다." 하면 하나님이 물으실 겁니다.
"너 몇 년생이냐?"

"1999년생입니다." 하면 "1999년은 내가 너를 구원하기 위하여 구원자를 보내준 날로부터 1999년에 태어났다고 그렇게 말해놓고 나를 모른다고?" 하면 입이 열 개가 있어도 그 어떤 변명도 하지 못할 것입니다.

목사 "그때 네가 세계로교회 처음으로 가서, 목사님 이야기를 다 들어놓고, 나를 모른다고? 이렇게 말씀하시면 이제는 빼도 박도 못해요. 그래서 성경에는 하나님의 심판대 앞에서는 사람들은 '유구무언' 즉, 입이 있어도 말을 할 수가 없다고 기록되어 있습니다."

목사 "알겠지? 진짜야~"

청년1 '고개 끄덕끄덕'

목사 "아주머니 진짜입니다."

아주머니2 "네"

여러분!

연도라는 것은 역사입니다.

사실이라는 뜻입니다. 예수님의 부활은 여러분들의 삶에 이미 깊숙이 들어와 있습니다.

누구도 부인하거나 부정할 수 없는 역사적인 사실입니다.

5

로마는 예수님이 부활하신
일요일을 기념일로 삼았다.

로마가 기독교 국가가 되고 난 다음 또 한 가지 단행한 중요한 일이 있습니다. 그것은 예수님이 부활하신 일요일을 기념일로 삼았다는 것입니다.

이것은 예수님의 부활이 얼마나 놀라운 사건인가를 보여주고 있습니다.

기념일은 우리나라에도 있습니다.

목사 "자~, 우리나라 광복절은 1년에 몇 번 있어요?"
청년1 "한 번"
목사 "우리나라 3.1절은 몇 번 있죠?"

청년2 "한 번 있습니다."

목사 "미국 독립 기념일은 1년에 몇 번 있을까요?"

아주머니2 "어~, 한 번? 두 번?"

목사 "아주머니와 같이 기념일을 두 번 지키는 나라가 어디 있어요?"

아주머니2 "아, 네 한 번요."

목사 "기념일이 두 개 있는 것은 없어요."

아주머니1 "네"

목사 "제아무리 중요한 기념일이라도 기념일은 단 한 번만 있습니다.

뭐, 이날은 너무너무 중요하기에 2번 기념일을 지낼 수 있을까요? 아무리 중요한 기념일이라고 해도 즉 우리나라 독립 기념일이라도 기념일을 두 번 정할 수는 없습니다. 어디 기념일을 2번 하는 것을 본 적이 있습니까?

세상에 모든 기념일은 일 년에 한 번밖에 없어요."

목사 "그런데 예수님의 부활은 너무너무 중요한 사건이고 얼마나 놀랍고 충격적인 사건이었던지, 예수님이 부활하신 일요일마다 1년에 52주 전체를 기념일로 삼았습니다.

그리고 그날은 우리의 구원자가 되신 예수님을 찬양하고 예배하도록 했습니다."

매주 일요일마다!
일 년에 52번을 기념일로 삼았습니다. 놀랍지 않습니까?
그러나 초기에는 일요일이 공휴일이 아니었기 때문에 관공서나 학교는 문을 다 열었습니다. 학생들은 학교에 가야 했습니다. 또 장사도 다 했습니다. 그래서 예배는 그 교회의 사정에 따라 각자 시간에 맞추어 새벽에 드리는 교회, 아침에 드리는 교회, 점심이나 저녁에 드리는 교회 등 각양각색이었습니다.
그런데 A.D. 321년에 로마 황제 콘스탄틴은 예수님이 부활하신 날 곧 일요일을 인류 역사상 처음으로 일 년에 52주 전부를 국가 공휴일로 지정하여 오직 예배만 드리도록 했습니다.

학교나 관공서의 문도 닫게 하고 장사도 하지 못하게 하고, 일요일 날은 오직 하나님께 예배만 드리도록 했습니다. 심지어 노예들도 일하지 않게 하고 다 쉬면서 예배드리도록 했습니다.

로마는 모든 일요일을 오직 하나님께 예배드리는 날로 지키라고 국가 공휴일로 지정한 것입니다.

목사 "몰랐던 모양이지?"
청년1 "몰랐습니다."
목사 "그동안 일요일 날 잘 놀았지?"
청년1 "맞습니다."

목사 　"일요일 날 잘 놀았지요?"

청년2 "네"

목사 　"지금까지 뭔지도 모르고 놀았잖아요."

청년2 "네"

목사 　"만약, 사장님이 일 년에 두 달을 유급으로 놀려준다, 그러면 어떨까요?"

청년2 "너무 좋을 것 같습니다."

목사 　"너무 좋을 것 같지?"

청년2 "네"

목사 　"야, 이런 회사 있으면 정말 홍보하고 싶겠지요?"

청년2 "네"

목사 　"아주머니도, 그동안 일요일 날 잘 놀았죠."

아주머니1 　"네"

목사 　"그동안 55년생, 잘 놀았죠?"

아주머니2 　"아니, 나는 그렇게 많이 못 놀았어요."

목사 　"못 놀았던 건 아주머니 사정이고, 원래 노는 날 놀났잖아요."

아주머니2   "네"

목사   "아이들도 손자들도 잘 놀았잖아요."

아주머니2   "네 잘 놀았습니다."

일요일 곧 주일날은 원래 예수님의 부활을 기념하여 하나님을 찬양하고 예배드리라고 공휴일로 지정한 것입니다. 예수님 믿고 죄와 죽음에서 구원받았으니 그 크신 하나님의 은혜에 감사하며 예배드리라고 만든 날입니다.

우리나라도 1948년 이승만 대통령이 제헌 국회의장과 건국 대통령이 되면서 일요일을 공휴일로 지정하여 예배드리는 날로 삼도록 했습니다.

목사   "그런데, 예배드리라고 공휴일로 지정했는데 예배는 드리지 않고 다른데 돌아다닌다? 이러면 인간성이 좋아요? 안 좋아요?"

청년1 "안 좋은 것 같습니다."

목사 "안 좋은 것 같기는, 안 좋지요."

목사 "일요일마다 예수님 때문에 놀기는 꼬박꼬박 놀면서 교회는 안 나온다? 예수는 안 믿는다? 이게 인간성이 좋아요? 안 좋아요?"

청년2 "안 좋습니다."

아주머니1 "안 좋지요."

지난주가 한글날이었는데 우리 6살짜리 손자가 할아버지 내일은 한글날이라고 유치원에 안간데요. '한글날이 뭐예요?'라고 물었습니다.

여러분 물을 수 있죠? 아직 어리니까요 그래서 저는 한글날에 대해서 설명을 해주었습니다. 그런데 만약 대학생이 저한테 와서 목사님 내일 한글날이라고 휴강을 한다고 하는데 한글날이 뭐에요? 이렇게 묻는다면 제가 무엇이라고 대답을 해야겠습니까?

목사 "아주머니 무어라고 대답할까요?"

아주머니2 "설마 대학생이 한글날에 대해서 모르겠어요?"

목사 "그래도 만약 모른다면요?"

아주머니2 "그런 정신 나간 사람이 어디 있어요?"

목사 "맞습니다. 한국 사람이 한글날이 무엇인지 모른다면 정신 나간 사람이죠.

그런데 손자가 와서 할아버지~ 일요일은 왜 놀아요? 이렇게 묻는다면 아직 어리니까 제가 일요일은 예수님께서 십자가에 죽으시고 삼일만에 부활하신 날을 기념하여 예배드리라고 쉬는 날이란다. 이렇게 설명할 것입니다.

그런데 어른들이 일요일은 왜 놀아요? 이렇게 묻는다면 되겠습니까?

어떤 사람은 원래 노는 날 아닙니까? 이렇게 말하는 사람이 있습니다.

원래 노는 날이 어디 있어요. 우리나라가 언제 신라 시대 때 고려 시대 때 조선 시대 때 이렇게 놀았어요?

이날은 원래 놀았던 날이 아니고 예수님께서 우리 죄를 위해서 십자가에 죽으시고 부활하신 날을 기념하여 예배드리라고 공휴일로 지정한 것입니다."

목사 "아시겠어요?"

청년1 "오늘 알았습니다."

아주머니1 "저도 오늘 처음 알았습니다."

목사 "이제 알았으니 일요일 날은 꼭 예배드리도록 해요."

청년1 "네"

여러분!

어떤 사람들은 이렇게 말합니다.

"교회 가니까, 목사님이 하나님은 살아계신다고 하는데, 살아계신 것을 보여주면 믿겠습니다."
그래서 하나님께서 이런 사람들에게 보여주시려고 예수님이 이 땅에 오셨습니다.

구원자 예수님에 대하여 구약 성경에 이미 예언을 다 해놓으시고 그 사실을 증명해 보여주셨습니다.
그분은 2023년 전에 십자가에 죽으시고 부활하시고 승천하시므로 예수 '예'자도 몰랐던 로마가 기독교 국가가 되게 하셨습니다. 그러자 로마는 예수님 탄생하신 해를 새롭게 1년으로 지정할 뿐 아니라 심지어 부활하신 날을 기념일까지 삼아 일요일마다 예배드리도록 하여 일 년에 52주를 다 정해 놓았습니다. 누구도 부정할 수 없도록 말입니다.

그런데 또 보여주러 오시고, 또 죽으시고 또 부활해야 믿겠습니까? 이미 역사적으로 다 증명되어 있지 않습니까?

목사 "또, 와야 믿겠어요?" 이미 와서 다 해놓았잖아요. 연도까지 바꾸어 놓고, 기념일까지 다 정해 놓았는데, 근데 뭘 못 믿어요."

6

당신의 생일은 언제인가요?

목사 "생일이 몇 일이에요?"

청년1 "1999년 6월 29일"

청년1 "6월 29일요."

목사 "6월 29일생"

청년1 "네"

목사 "우리 청년은 6월 29일에 태어났는데 엄마 뱃속에 있을 때 궁금했겠지"

목사 "야, 내가 몇 년도에 태어날까, 아마 보니까 1999년 같은데 며칠날 태어날까?

궁금해하고 있는데, 병원에서 태어나자 간호사가

탯줄을 자르고 엄마 품에 아기를 인수인계하는 과정에서 달력을 보니까, 아! 오늘이 6월 29일이구나. 이래서 자기 생일이 6월 29일인 줄 알았지?"

청년1 "네"

목사 "어디서 거짓말을 해요! 그럼 태어나자마자 숫자도 알고 달력도 볼 수 있었어요?"

청년1 "아닙니다."

목사 "그럼 어떻게 알았어요?"

청년1 "엄마가 알려줘서 알았습니다."

목사 "아빠는 뭐하고 엄마만?"

목사 "생일이 몇 월 몇 일이에요?"

청년2 "2월 27일"

목사 "2월 27일, 2월 27일인 건 어떻게 알았어요?"

청년2 "커서, 배워가지고"

목사 "어디서?"

청년2 "부모님이"

목사 "부모님이?"

청년2 "네"

목사 "부모님이 2월 27일날 태어났다는 것이 잘 안 믿어져서 산속에 들어가서 산신령님, 삼신 할머니, 부처님, 하나님 내 생일이 2월 27일인 걸 믿게 해주십시오 하고 기도하고 불을 받아서 자기 생일이 2월 27일인 것을 믿게 되었죠?"

청년2 "아뇨"

목사 "그럼 어떻게 알았어요?"

청년2 "그냥 부모님 말씀을 믿었습니다."

목사 "부모님이, 너는 2월 27일에 태어났다고 가르쳐 주었다 이 말이지"

청년2 "네"

목사 "그럼, 진짜로 병원에 가서 확인해 봤어요?"

청년2 "안 해 봤습니다."

목사 "동사무소에 가서 진짜로 확인해 봤나요?"

청년2 "어~~ 안 해 본 것 같습니다."

목사 "간호사에게 진짜 내가 태어난 것이 맞는가 이런 것 확인하고 증명서를 보셨어요?"

청년2 "안 해 봤습니다."

목사 "그냥, 엄마 아빠 말만 믿었지"

청년2 "네"

목사 "나도, 믿겠어요, 엄마 아빠가 '너는 2월 27일생'이라 하면은 나도 믿겠지"

목사 "엄마, 아빠가 거짓말을 할 이유가 뭐가 있겠어요."

목사 "그러나 한번 깊이 생각을 해 보세요. 대학을 졸업하고 취업을 하고 살아가는 정상적인 인간이라면 다시 한번 생각을 해 보세요. 엄마 아빠 둘이 한 이야기만 듣고도 '나는 2월 27일생입니다.' '나는 6월 29일생입니다.' 엄마 아빠 두 사람이 한 이야기만 듣고도 믿었다면 그리스 로마 신화를 믿고 살던 사람들이 그 신화를 다 버리고 전 세계를 통치하고 있던 로마가 황제부터 일반 백성들까지 '우리는 오직 예수님만 믿겠습니다.' 이렇게, 다 믿은 것은 역사가 증언하는 분명한 사실이 아닙니까?

그래서, 연도까지도 예수님 탄생하신 날을 새로 만들고 예수님의 부활을 기념하는 기념일도 1년에 52번이나 공휴일로 지정해 놓았다면 이것은 진짜로 믿을 만하지 않겠습니까?

엄마 아빠가 말해준 생일도 믿을 만하다면 이것은 진짜 믿을 만한 것 아닌가요?"

청년1 "그런 것 같습니다."

목사 "진짜 믿을 만한 것 아닌가요?"

청년2 "맞습니다."

목사 "55년생 그렇지 않아요?"

아주머니2 "네"

목사 "믿을 수 있나요?"

아주머니2 "저걸 보니까 믿음이 가네요."

목사 "그렇지요."

목사 "그렇지 않습니까?"

목사 "그렇습니다. 기독교는 종교가 아니라 역사적인 사실입니다."

7

믿는다는 것은 무엇인가?

예수님을 믿는다고 하는 것에 대하여 성경은 간단 명료하게 말씀하고 있습니다.

> 요한복음 1장 12절
> "영접하는 자 곧 그 이름을 믿는 자들에게는 하나님의 자녀가 되는 권세를 주셨으니."

예수님을 믿는다고 하는 것은, 목사님이 앞에서 설명한 것처럼 나는 죄인이지만 예수님께서 내 죄를 위하여 대신 십자가에 죽으시고 살아나셨다는 사실을 인정하고 받아들이는 것입니다.

거부하지 않고 받아들이는 것, 영접하는 것, 이것이 바로 믿는 것입니다. 여러분이 우리 교회에 들어오실 때 안내위원들이 '어서 오세요.' 이렇게 환영하셨잖아요.

이것이 바로 영접이잖아요?
여러분이 만약에 폭탄을 두르고 왔다면 어떻게 할까요? 당장 신고하고 쫓아낼 것입니다. 이것은 거부입니다. 믿는다고 하는 것은 하나님께서 성경에서 약속하시고 예수님이 나를 위해 하신 사실들을 받아들이고, 거부하지 않는 것입니다.

기독교는 예수님을 "믿어야지, 믿어야지", 이렇게 해서 용을 써서 믿는 게 아닙니다. 부모님이 가르쳐주신 생일을 믿는 것처럼 8.15, 3.1절을 믿는 것처럼 역사적으로 이미 증명된 사실을 받아들이는 것! 인정하는 것! 그것이 믿는 것이고, 이렇게 믿는 사람은 하나님의 자녀가 되는 것입니다.

사람은 한 번 태어나면 100%로 죽고 세상을 떠납니다. 99%도 아닙니다. 100% 세상을 떠나는데 인간이 어디서 와서 무엇을 하다가 어디로 가는지 알아보지도 않고 살아가는 것이 과연 옳을까요? 아무것도 모르고 살다가 죽는 사람을 똑똑하다거나 지혜롭다고 할 수 있을까요? 누구도 그렇게 말하지 않을 것입니다. 그 사람들이야말로 가장 어리석은 사람이 아닐까요?

누구든지 예수님이 우리의 죄를 용서하시기 위해 십자가에 죽으시고 우리를 살리시기 위해 삼일만에 부활하신 구원자라는 사실을 믿는 사람들은 오늘 하나님의 자녀가 되고 영원한 생명을 얻게 됩니다. 그 사람은 오늘 죽어도 천

국에서 눈을 뜨게 될 것입니다.

이것은 하나님의 변함없는 약속입니다. 이 예수님을 영접하고 사시기를 바랍니다. 그러면 여러분의 인생은 영원히 달라지고 변화될 것입니다.

목사 "이 예수님을 믿고 하나님의 자녀로 사시겠습니까? 1999년생?"

청년1 "네"

청년2 "네"

목사 "아주머니도 이 예수님을 믿고 영접하고 사시겠습니까?"

아주머니1,2 "네"

오늘 여러분들은 하나님의 축복을 받은 사람들이 되었습니다.

요한복음 3장 16절

"하나님이 세상을 이처럼 사랑하사 독생자를 주셨으니 이는 그를 믿는 자마다 멸망하지 않고 영생을 얻게 하려 하심이라."

이 말씀이 오늘 여러분들에게 이루어졌습니다.

맺음말

그동안 죽음은 우리에게 불편하고 불확실한 주제 같아 보였지만 예수님을 믿고 나면 죽음은 우리 인생 최고의 축복이 아닐 수 없습니다.

오색나비 영상을 보면 벌레로 살 때는 먹는 것도 나뭇잎을 먹고 꼬물꼬물 기어 다니며 삽니다. 그러다 나무에 올라가 벌레의 흉측한 허물을 벗어버리고 번데기가 됩니다. 지금까지의 몸은 눈과 코 심장 모두가 완전히 액체가 되어 과학자들이 말하는 기적의 시간을 3주 정도 보내고 나서 드디어 번데기의 껍질이 벌어지고 그곳에서 오색 찬란한 나비가 되어 나옵니다.

과학자들이 이 나비의 애벌레와 번데기 때의 DNA를 검사

해 보니 100% 같았습니다. 몇 주 전에는 기어 다니던 몸이 허물을 벗고는 날아다니는 존재가 되었습니다. 벌레 한 마리도 이런 허물을 벗고 새로운 몸으로 탄생하는데 하물며 사람이랴!

우리 인간의 죽음은 허물을 벗고 새 생명을 얻는 과정입니다. 더 이상 죽음에 대하여 염려할 필요가 없습니다. 더 이상 죽음은 없는 것입니다! 새로운 영원한 삶이 있을 뿐입니다.

코로나19를 두려워했지만 백신이 나오니까 두려워할 필요가 없지 않았습니까? 죽음에 대한 백신이 예수님입니다! 예수님을 믿는 자에겐 더 이상 죽음은 없습니다.

당신에게 생명을 주시려 이 땅에 오신 분이 바로 예수님입니다. 예수님의 탄생과 죽음과 부활을 믿고 예수님을 영접하면 하나님의 백성이 됩니다.

미국 시민권을 받은 사람들의 기쁨을 보십시오! 더 이상 불법 체류자로 잡혀갈까 염려하지 않아도 됩니다. 이와 같이 예수님을 영접한 자들에게는 하나님의 자녀가 되는 특권이 주어집니다. 더 이상 죽음은 없습니다.

오늘 여러분, 모두 예수님을 구원자로 꼭 믿고 하나님의 자녀가 되어 행복한 인생을 사시다가 이 땅을 떠나면 천국에서 함께 할 수 있기를 간절히 바랍니다.